人類棲息地的演化在二十世紀步入了嚴重的歧途。我們建造城市竟是為了汽車的移動，而不是為了兒童的福祉。

——貝尼亞羅薩（Enrique Peñalosa），二〇〇八

# 9

## 窩囊廢遊艇的逆襲——

# 哥倫比亞。波哥大

現代建築與現代城市都強調功能決定形式。至少這是我原本的認知，而且我造訪過的每個地方似乎都證實了這個觀點：城市的結構取決於運輸網絡。

紐約雖然差點毀在摩希斯的公園大道與快速道路下，卻明顯隨著高架鐵路與地鐵成長為一座垂直發展的密集城市。國家規劃的區域快速鐵路挽救了巴黎市郊，莫斯科則是依循其寬廣華麗的大道、史達林建設的地鐵以及當代環狀道路發展而成。富有遠見的運輸規劃，連同四十年來的先進都市化發展，不但讓哥本哈根保有適宜步行的特色，近來更讓它成為全球最適合騎乘單車的城市。大眾運輸不一定會造成小巧的城市——我發現洛杉磯的分散狀態源自昔日的電車與城際運輸網絡；東京的占地也相當廣大，因為鐵路公司將乘客載運得愈遠，就可賺得愈多的車資——但幾乎一定會造就密集的城市。一旦每個通勤者都得住在可輕易抵達車站的距離內，興建占地龐大的豪宅就不會是合理的選擇。

在我見過的城市中，幾乎每一座都可由地鐵、公車與列車解決塞車、污染與都市蔓延的問題。（唯一例外是鳳凰城：我們由此個案可以看出，城市一旦以高速公路做為發展基礎，即有可能成為一頭成長不受控制、也無可挽救的怪獸。）不過，自從我展開撰寫本書的旅程以來，城市規劃專家和運輸專家就一再向我提起某座城市，指稱這座城市採取了另一條不同的發展路徑。波哥大，哥倫比亞的首都，在未大幅改變本身的都市型態的情況下，採行一項創新運輸型態的大賭注，造就出一場移動革命。這些專家說，要是沒造訪過波哥大，我的研究工作就不算完整。

我的班機在一場暴雨中降落。我後來才發現，那場暴雨原來是聖嬰年大洪水的序幕，後續的災難摧毀了五千戶住宅，全哥倫比亞多達兩百萬人受到影響。埃爾多拉多機場（El Dorado Airport）換匯櫃台的服務人員告訴我，我得搭計程車才能到達旅館，接著指引我到螢光燈照明的入境大廳，排在一列繞過三面牆的隊伍後，和一群睡眼惺忪、樣貌狼狽的旅客依序等候叫車。外面的雨勢大得四處亂噴，我才從航站跨沒幾步上車，就已經淋得一身溼了。司機在開車途中不時咒罵「操」、「媽的屄」，沿途的積水經常高達輪拱。我們行駛在燈光黯淡的街道上，兩旁滿是密集林立的公寓大樓，每扇窗戶上都裝有鐵窗，屋頂上也都架有刺鐵絲網。在肩背機關槍、腳邊有洛威拿犬蹲坐的年輕士兵睨視下，我沿著一條圓石街道走向旅館，心中納悶著我是不是被誤導了。波哥大看起來實在不像是城市新生的範例。

長久以來，波哥大一直背負著惡劣的名聲。哥倫比亞雖是拉丁美洲歷史最悠久的民主國家，但信奉馬列主義的游擊隊與右翼民兵在八〇年代的衝突，卻讓這個國家的首都淪為全世界最危險的城市。在一九九〇年的總統大選之前，竟有三名總統候選人慘遭暗殺。距離新古典風格的市政廳與國會大樓只有幾個街區遠，即可見到卡杜丘社區（El Cartucho）的簡陋房屋——這裡是西半球暴力犯罪最猖獗的都市貧民窟，連以貪腐著稱的哥國警力都不敢進入。工人每天平均花四個小時從貧窮的南方通勤至富裕的北方，有權有勢者則是搭乘防彈汽車在市區內橫行，不論把車開上人行道或停放在行人穿越道上都不會被罰。這裡每天可能會有四人死於交通事故，發生十幾起凶殺案——而且這樣還算是比較平順的一天。波哥大的公園人煙稀少，地上滿是古柯鹼膏吸食後的廢棄物，毒品恐怖分子與綁架犯在市區內猖獗不已，而且污染情形極為嚴重，常可見到窒息的鳥兒從空中跌下——這座早在九〇年代初期人口數就等同倫敦的城市，堪與備受戰亂蹂躪的摩加迪休、[1]貝魯特與貝爾格勒同列為人間地獄。

然而，在我抵達才兩天之後，我卻騎著租來的腳踏車穿越一片看似都市天堂的地區。濃重的烏雲已從波哥大東側市界處的翠綠山坡上退去，露出一幢幢紅磚砌成的公寓大樓，層層疊疊向上延伸，指向蒙塞拉特山（Monserrate）頂上那座高高矗立的白色尖塔教堂。我身旁滿是波哥大居民——有騎著登山車、充滿冒險精神的孩童，也有身穿萊卡車衣、騎著義大利公路車的中年男子——騎著單車馳騁在第七大道這條通常塞滿計程車與小巴的交通幹道上。波哥大市區內最繁忙的交通動脈，有八十英里的路段都會在每週日的「自行車日」

（Ciclovía）禁止汽車進入，而這場活動固定都會吸引多達百萬人參加。交通警察駐守在小巷裡，避免誤入歧途的駕駛闖進汽車禁行區，每個街區也都可見民眾利用市政府設置的單車維修站為鏈子上油或是為輪胎打氣。我沿著一條寬敞的單車道穿越一座河濱公園之後，在一個長滿青草的小丘頂端向一名路旁攤販買了一支烤玉米和現榨的芒果汁，望著面前這場令人嘆為觀止的景象——所有人不是步行就是騎著自行車，臉上帶著通常只有在海濱木棧道上才看得到的那種放鬆的微笑。瞥眼望向人行道，我注意到有人趁著當初水泥還沒乾的時候刻上了幾個英文字，現在已在人行道上成為恆久的頌詞。那段文字是：「我愛波哥大。」

我原本以為自己會看到一座第三世界的城市擺出一副勇敢的面貌，但在這個星期日，波哥大卻讓人覺得像是位在赤道上的阿姆斯特丹。點綴著迷人的廣場與照料良好的公園，草木又多得足以取得聯合國同意，將碳權賣給其他污染較為嚴重的城市——波哥大已然成為熱帶地區進步都市發展的模範。

波哥大怎麼能夠在短短十年出頭的時間裡，從一座極度混亂、犯罪猖獗而且壅塞的城市轉變為一座管理極佳的城市？而且居民還對自己身為波哥大人深以為傲？

這一切都始於兩位富有遠見的市長，北美洲的城市從來沒出現過這樣的市長。不過，這樣的結果之所以能出現，必須歸功於一種備受詆毀的載具：也就是毫不起眼的市公車。

## 街上的地鐵

帕爾多（Carlos Pardo）自告奮勇向我介紹那套促使波哥大開始轉變的系統，但我必須向他坦承一件事。

「我不喜歡公車，」我告訴他：「老實說，我很討厭公車。」

我說明了我反對公車的原因。搭乘鐵路運輸雖然帶有某種貴族色彩，但在北美洲大部分地區，搭乘標準的市公車都是一種次等體驗。不但在各種天候下都得被迫在露天招呼站等車——頂多有個惡臭不已的樹脂玻璃遮雨棚——而且搭乘的還是路上速度最慢也最笨重的車輛，行駛路線不斷遭到並排停放的車輛以及暫停在路邊遞送貨物的聯邦快遞卡車阻擋。每當有個乘客笨手笨腳地找著零錢，導致司機又錯過另一個綠燈，就不禁讓人咬牙切齒。由於車上通常沒有位子，所以你就只能站著搭車，隨著顛簸不已的車身不斷搖晃。你若是有幸找到位子坐，也不免看到車窗外呼嘯而過的汽車駕駛以憐憫的目光瞥看你一眼。我告訴帕爾多，在有些北美城市裡，公車被稱為「窩囊廢的遊艇」。

他滿心理解地點點頭。帕爾多是畢業於倫敦政經學院的城市規劃專家，目前在「運輸發展策略協會」擔任顧問。該協會是個總部位在紐約的非營利組織，專為有意發展永續運輸計畫的城市提供技術協助。帕爾多雖是土生土長的波哥大人，而且對這座城市的發展引以為傲，卻也早已習慣聽到來自英美的外國人對公車的排斥感。他向我保證，波哥大革命性的公車捷運系統「千禧公車」（TransMilenio），絕對會改變我對公車的看法。不過，我也向他保證要做到這點可不容易。

伴隨我們的還有五、六名南非人士，他們為了改善約翰尼斯堡的公車服務而到拉丁美洲進行考察。帕爾多在旅館外先向我們說明安全注意事項。

「把護照留在房裡，」他說：「別擔心，警察從不檢查護照。把你們的皮夾放在夾克內部。你們要是帶著相機，也要很小心，波哥大的扒手非常厲害。」

此時已近晨間尖峰時刻的尾聲。我們走在九十街（Calle 90）上，途中遇到一批批穿著裙子、套裝以及繫著領帶的通勤乘客，全都趕著要去波哥大北部的辦公大樓。我們在這條街的南側盡頭踏上一件令人驚豔的都市基礎設施：一條鋁金屬鋪面的走道，蜿蜒通往市區內主要南北向公路上方的行人天橋，接著又下坡通往六線道馬路中央的一座售票亭。我們排隊買了可搭乘十次的乘車卡，平均搭乘一次要價一千六百披索（約八十五美分），接著通過電子閘門，走進一座長條形的封閉式車站。兩側都有乘客在標有公車路線編號的玻璃門前等車。每隔幾秒鐘，就有一部深紅色車身的雙節公車進站。透明的月台門與公車上的三道車門同時滑開，車上的乘客便湧入月台。由於所有人都在進站前就已付錢，月台又與公車地板同高，因此上車只花了十秒鐘——所有人直接前進，就像走進電梯一樣，接著車門關上，公車就開走了。車站的長度足以讓六部公車同時卸客與載客，每一部公車則可載運一百六十名乘客。我在等車期間一度吃了一驚，因為有一部怪物般的黃色巨型公車駛入車站，卸下一大群通勤乘客。帕爾多說那是一部富豪車廠生產的三節公車，共有兩個車廂關節，四個車軸和五道車門。這是千禧公車的最新車款，與波音七三七客機同長，可載運兩百七十名乘客，是當前世界上最長的公車。

在我們搭乘的F14線快車開出車站之際，我突然意識到千禧公車其實就像是地面上的地鐵，只不過以橡膠輪胎取代了鋼輪。千禧公車的路線分布於主要大道或高速公路，大部分都占用道路中央的兩條車道。車站距離約七百碼，而且由於每座車站附近都有超車道，因此我們的公車可略過部分車站，就像紐約地鐵的快車一樣。千禧公車的專屬公車道由矮牆與六線道的汽車車道區隔開，所以能像鐵路一樣，不必受到汽車阻擋而不斷停車再開。隨著我們接近波哥大市中心的舊城區甘德拉利亞（Candelaria），優先號誌科技促使紅燈在我們接近之際轉為綠燈，於是我們便平順超越了塞在車陣裡動彈不得的汽車。帕爾多向我們說明，約有四百輛綠色車身的小型接駁公車會從偏遠地區將乘客載運到七條千禧公車幹線的起站，而千禧公車的一千部紅色車輛則是行駛於這七條相互交錯的路線上。我們現在搭乘的這條主要路線，在尖峰時刻每小時的雙向載客數多達四萬五千人，這樣的吞吐量只有世界上少數幾座地鐵系統足以相比。

千禧公車的速度非常快——我們在尖峰時刻橫越半個市區只花了二十五分鐘。若是搭乘計程車，同樣這段路程至少得花上四十五分鐘。就全球平均而言，市公車的時速是慢得可憐的七英里；但千禧公車的平均時速為十七英里，是波哥大市區內速度最快的交通工具。可惜的是，千禧公車的搭車人潮也極為擁擠。車上早就毫無空位，而隨著每個車站都有更多乘客上車，我們於是接近了我不久之前才在東京體驗過的高峰載運量。（我能瞭解千禧公車為何會是扒手天堂：在車上擠滿人的情況下，我很快就無法分辨緊貼在我身旁的究竟是什麼人或什麼東西了。）

千禧公車在二〇〇〇年開始營運之後的滿意度相當高。千禧年來臨時最熱門的一種耶誕節禮物就是紅色雙節公車的模型。不過，原規劃的車道原本長達兩百四十英里，真正完成的卻只有五十二英里；而且路線里程數雖然自從二〇〇七年以來就沒有再增加，每日乘客數卻增加了三十萬人。現在，千禧公車一天載運一百七十萬名通勤乘客，而且沒有政府補助，是除了日本以外唯一能夠獲利的大城市公共運輸系統。不過，隨著乘客密集度超過每平方公尺六個人，波哥大居民已逐漸對這套系統感到幻滅，許多人也紛紛開始找尋其他選項。

在希門內斯大道（Avenida Jiménez），我們轉搭另一條路線，步行穿越月台之間如同地鐵般的走廊，接著搭上一部還有幾個空位的公車。我問了奈戈博（Jeff Ngcobo）對千禧公車有什麼感想——他是約翰尼斯堡的「我們走吧」（Rea Vaya）快捷公車系統的經理。「這套系統很不錯，」他坦言：「約翰尼斯堡的乘客載運量完全比不上。我們到現在還只有不到五十部公車，而且一天載運的乘客只有四萬人。」約翰尼斯堡的快捷公車路線——總長十五英里，載運的乘客主要都是從索威托到市中心的黑人勞工——面臨的挑戰頗為特殊。直到不久之前，通勤乘客都只能搭乘相對較為昂貴而且塞滿街道的私營小巴計程車。

「那裡的小巴業主根本是黑手黨，」曾為南非大眾運輸系統擔任顧問的帕爾多私下向我透露：「他們一點兒都不喜歡快捷公車，因為他們認為快捷公車剝奪了他們的生意。在『我們走吧』服務啟用的當天，就有兩個公車駕駛遭人槍殺。這就是南非人面對競爭的做法——他們對公車司機傳達了：要是為市公車系統工作，你就別想活命！」

我們沿著一條迂迴彎曲的專用公車道開往拉斯阿瓜斯（Las Aguas），路旁是一條奔流於互相連接的水泥槽當中的河流。在這段路程上，我開始看出千禧公車的迷人之處。這種由賓士及富豪生產的公車擁有大面車窗、挑高的天花板以及寬敞舒適的座位。設計雅緻、全由玻璃和鋁構成的車站，則可為人遮擋波哥大經常出現的大雨。此外，比起地鐵，公車也有一項顯而易見的優勢：公車可讓人看見自己搭車穿越的市區。搭乘千禧公車讓我們得以瞥見波哥大街道上雜亂的活力，包括卡拉卡斯大道（Avenida Caracas）上那些胸前雄偉的變性妓女以及人行道上各式各樣的小販，賣著內餡填滿乳酪的玉米餅、手機話卡以及馬奎斯的盜版小說。

我們在市政府為大眾運輸乘客建造的多層單車停車場旁短暫停留，我不禁向帕爾多承認千禧公車改變了我對公車的看法。「千禧公車從一開始就很棒，」帕爾多說：「要是把它拿來和九〇年代的大眾運輸相比，也還是一樣很棒。大家都知道只要走到車站，搭上車，就可以前往他們需要去的地方。這是一套完整的運輸系統，完全正式也完全合法，所以駕車的司機都享有休假補助、健康保險與退休金保障，車輛也都定期維修。這些都是以前沒有的。」他認為當前的擁擠現象是因為市政府對這套系統不再投注那麼多心力的結果。「一開始，大家都說千禧公車速度很快，就算擠一點也沒關係。現在他們則是說，千禧公車雖然快，但我不想再人擠人或是被扒了。」千禧公車如果要存續下去，顯然得有所演變。

不過，要真正瞭解快捷公車為波哥大帶來的改變，必須先知道這座城市在千禧公車出現之前的模樣。要知道這一點，就得先搭乘一種非常不一樣的公車。

## 零錢戰爭

隔天傍晚，我站在卡拉卡斯大道的千禧公車主要路線以東，相距只有幾個街區的街角。那是星期二晚上六點，十一街上可看到數以百計的巴塞塔（buseta）——一種有四十個座位的小巴——緩緩行駛在波哥大金融區的人行道邊，正找尋乘客。司機行車時不會把門關上，他一面開車一面高呼著目的地。巴塞塔沒有正式的停靠站，只要街上隨時有人舉手招呼，就會停車載客。一名司機開著一輛老舊的雪佛蘭小巴，車尾生鏽的排氣管不斷噴出黑煙。他看見一名穿著商務套裝與高跟鞋的女子，於是將車開向路邊，差點撞到一輛大發轎車的擋泥板。他放慢車速，但沒有停下來，那名女子好不容易才跳上車。巴塞塔那些工時過長的司機的雙手總是左握方向盤，右向乘客收零錢，而且相互競逐每筆車資收入；只要沒將人行道上的顧客載上車，司機就等於是跟自己的荷包過不去。不過，儘管每個司機都卯足全力，幾乎所有的巴塞塔卻都只載著頂多半部車的乘客離開金融區。這些車輛朝著市區外圍的勞工階級鄰里駛去，在汽車廢氣瀰漫的十一街上排成長長一列，以遲緩的速度慢慢前進。

這種每天上演的瘋狂景象就是所謂的「零錢戰爭」。在千禧公車出現之前，私人營運的巴塞塔是波哥大唯一的大眾運輸工具。這種車輛如今雖已不那麼常見，卻還是不免將若干區域的街道——特別是波哥大北部——變成壅塞危險的混亂戰場。巴塞塔的司機必須自負柴油支出，並支付日費給車主，而車主再向私人公車公司支付月租。每家公車公司的老闆都由缺乏有效管控能力的交通部（這個聯邦機關以一連串的貪瀆醜聞而惡名昭彰）發給一張終生有效的許可證，允許他們在特定公車路線上營運。目前波哥大共有兩萬名公車車主以及六十八家公車公司。由於每個車主都在利字當頭的誘惑下努力讓盡可能多的公車上街行駛，波哥大因此出現巴賽塔供過於求的荒謬現象；而且，由於每新增一部巴塞塔都不免讓塞車情況更加嚴重，新增車輛反倒導致車主的毛收入降低，而且通勤時間也因此拉長。現在，在波哥大搭乘巴塞塔通勤的來回旅程平均需時三個小時。

當然，這種大眾運輸型態也曾經在十九世紀的紐約、巴黎和倫敦出現過，當時曾有數十家馬車與公車公司爭相競逐顧客，直到交通癱瘓促使高架鐵路與地鐵的發展成為無可避免的結果。許多開發中國家的大都市的大眾運輸至今仍採這樣的運作方式。舉例而言，馬尼拉的大眾運輸工具就以色彩繽紛的吉普尼（jeepney）為主——吉普尼是個混種產物，結合了報廢的美國軍事吉普車與第一次世界大戰末期在美國街道上與電車競爭的那種野雞車。吉普尼緩慢、擁擠而且勞力密集，經常塞滿繁忙的大道，卻極少服務到市郊地區，菲律賓的中產階級也從不搭這種交通工具。吉普尼與巴塞塔體現了自由放任主義者的市場競爭理想：放任自由市場的力量形塑大眾運輸，而且公部門也僅做最低限度的監督。這種系統雖然可能多采多姿，但對任何大城市而言卻都是一大災難，會導致塞車、污染與碳排放的大幅惡化。

創立千禧公車的貝尼亞羅薩對於波哥大在九〇年代的混亂現象仍然記憶猶新。「我在其他城市從沒見過這麼低落的民眾自信心，」他的閣樓辦公室窗外可以望見安地斯山脈的壯觀景致，貝尼亞羅薩坐在辦公桌後方對我說。他有一頭白髮與滿臉白色鬍鬚，嗓音渾厚低沉，身材高大，看起來頗具威嚴。「波哥大人以前總不停嫌棄自己的城市。以前這裡沒有公園，興建大道的時候也都不設人行道。整個市中心死氣沉沉，而且滿是吸毒者與黑道，導致市中心變成一道屏障，隔開了北區與南區。我們以前的凶殺率是全世界最高的。以前的波哥大就是這樣，一座沒有希望也沒有前景的城市，而且每下愈況。」

貝尼亞羅薩指出，當時功能失調的運輸系統正體現了哥倫比亞社會的不平等現象已有多麼嚴重。「我有個祕書的獨生女被巴塞塔撞死了。那個司機瘋狂飆車，結果衝上人行道，輾過她。巴塞塔的司機一天工作十四個小時，收取車資、讓乘客下車，彼此之間也常吵架。

我就看過一個司機被另一輛公車擋住去路之後，馬上拿著金屬棒下車把那輛公車的玻璃全打破，那輛車的乘客當時都還在車上呢。只要是有權有錢的人都有車，而且他們就直接把車停在人行道上。那種情景實在難以想像。」

貝尼亞羅薩在一九九四年初次競選市長。他的父親是一位自由派的參議員，曾在六〇年代的土地改革中把土地重新分配給農民。貝尼亞羅薩在北卡羅萊納州的杜克大學主修經濟學與歷史，從而對社會主義感到幻滅。他認定城市只要培養所有市民的歸屬感，資本主義就行得通。至於歸屬感的培養，他認為可藉由改革公共空間的概念達成。

貝尼亞羅薩代表了哥倫比亞政治圈的一股新勢力。直到一九九〇年，哥倫比亞的市長向來都是由總統任命，而不是由普通選舉選出。他打破傳統，不參加候選人的辯論會，而是在街頭發放傳單。不過，他的鋒頭卻被另一個更加反傳統的政治人物給搶走了。父母為立陶宛移民的莫庫斯（Antanas Mockus）在擔任國立大學的院長期間，因為在禮堂內拉下褲子，對著一大群吵鬧不休的學生露出臀部而一夕爆紅。蓄著鍋蓋頭與長鬍子而且習慣騎單車的莫庫斯是政治圈外人，承諾以激進做法帶來與以往截然不同的新氣象。這位四十三歲的哲學暨物理學教授靠著賣車籌集到一萬美元的競選資金，結果在一九九五年贏得百分之六十四的選票而當選市長。

莫庫斯在預算極其有限而且又缺乏區域議員支持的狀況下，將注意力集中於改進「市民文化」，並在日常生活中藉著搞笑般的干預做法打破暴力循環。他遣散了因為貪瀆嚴重而惡名昭彰的交通警察，另外雇用四百名默劇演員，透過表演讓駕駛人自覺羞恥而在行人穿越道前停下車輛。他還發起一場反槍枝運動，將一千五百件非法武器熔化製成幼兒用的湯匙，並舉辦全民反暴力的象徵活動，由知名人物將糖水滴在舌頭上，誓言從此之後將以和平手段解決紛爭。他鼓勵計程車司機成為「行人穿越道的紳士」，而且只要有一個人死於交通事故，就在路面上漆上一顆醒目的黑色星星。為了減少上路暴躁與按喇叭的行為，他發給行人與汽車駕駛二十五萬份猶如世界盃足球賽使用的罰牌，拇指向下的紅色標示牌代表非難，拇指向上的綠色標示牌則是向駕駛的友善之舉表達感謝之意。難以置信的是，這些看似瘋癲的低成本措施竟然為波哥大居民帶來希望，也為城市帶來了實質的改變。市民看見城市進步的具體證據，於是再次開始繳納財產稅。暴力致死案件在莫庫斯執政期間減少了三分之一，市府一度陷入破產的財政狀況也因此起死回生。

莫庫斯的市民文化革命為貝尼亞羅薩轉變波哥大實體環境的作為奠定了基礎。貝尼亞羅薩在一九九八年以獨立候選人的身分當選市長。他很快就意識到，以波哥大的城市規模與密度，再加上擁有車輛的人口還不到百分之二十，私人汽車絕不可能會是平等或有效率的運輸型態。

「我當選市長之後，日本國際協力機構（Japan International Cooperation Agency）給了我一份研究報告。他們提議花費兩百億美元興建七條高架快速道路解決波哥大的交通問題。我們拒絕了他們的計畫，決定建造阿拉米達（Alameda）——一條二十四公里長的公路，只供行人與腳踏車通行。」（這不是波哥大第一次受外國技術官僚覬覦：一九四七年，柯比意提出改建甘德拉利亞區的計畫，打算拆除該區那些南美洲最宏偉的殖民建築，另外興建間距寬大的高樓大廈與高速道路。）

「我認為要增進城市的文明程度，並不是靠興建大馬路，」貝尼亞羅薩接著說：「而是到處都可讓兒童輕鬆安全地騎三輪車。在開發中國家，這種生活品質就是我們的競爭優勢——我們也許無法提供高所得，卻能讓民眾享有生活品質。」

貝尼亞羅薩倡議將公益置於私利之上，而與他的年輕團隊——其中許多都是女性——致力打造一座適宜人居的波哥大。他遷移了卡杜丘社區的居民，將市中心那片充滿暴力的貧民窟轉變為一座治安良好而且廣受喜愛的廣場。此外，他還徵收了波哥大鄉村俱樂部這座全國最菁英的休閒機構，將其中的馬球場改建成公共足球場與籃球場。他鋪設了數百英里的單車道，不僅是為了保護單車騎士，也因為「單車道顯示出不論你是騎乘三十美元的單車，還是駕駛三萬美元的汽車，在這座城市裡都享有同等的地位」。他的市政府利用財產稅收入在市區邊緣買下大片土地，交給私人開發商，要求他們興建平價住宅。他也打造了新的圖書館體系、將自來水引進市內最貧窮的區域，並且設置超過兩百英畝的公園與公共廣場。

「我們的用意是要讓民眾鄙視社會中那些罪犯的價值觀。我們傳達的訊息就是：『你們這些開著大車、戴著奢華珠寶的人，我們認為你們是一群白痴，我們認為你們是禽獸！』」貝尼亞羅薩從椅子上站起身來，伸出手臂一揮。「我們看重的是音樂，是體育，是圖書館。

對我們來說，鄰里當中的英雄不是騎著重型機車、身穿俗麗服裝的黑道分子，而是熱愛運動、看書以及騎乘老舊單車的年輕人。」

貝尼亞羅薩展開這場改變運動的方法，是採取一項簡單而且令人肅然起敬的都市交通控制措施：人行道護柱。人行道護柱是一種簡單的矮柱子，不需要什麼高科技，即可避免汽車闖入人行道——一個著名的例子就是阿姆斯特丹那種原本由舊砲管改裝而成，標示著三個叉叉的紅色護柱。貝尼亞羅薩的團隊靠著在各大幹道設置人行道護柱，立刻就將人行道還歸行人。

「停放在人行道上的汽車是一種極為強烈的象徵，代表這座城市的不平等以及漠視人性尊嚴，」貝尼亞羅薩說。汽車駕駛把人行道護柱視為宣戰的表徵，憤怒的企業人士於是發動一場請願運動，差點導致市長遭到彈劾。不過，貝尼亞羅薩還是勇往直前，推出一項全面性的交通疏緩方案。這項方案稱為「尖峰時刻車號管制」（pico y placa），限制特定車號尾數的汽車在平日上午及下午尖峰時刻不准上路。藉著強迫汽車駕駛每週有兩天不得開車出門，而必須改採其他的通勤方式——計程車、公車或自行車——尖峰時刻車號管制方案立刻就將塞車現象減少了百分之四十。

不過，貝尼亞羅薩最具野心的措施，同時也是他為零錢戰爭這種瘋狂現象提供的出路，則是千禧公車。波哥大上一次擁有正式的大眾運輸系統是在一九四八年，當時一名總統候選人遭到暗殺所引起的暴動，導致波哥大永久關閉電車網絡。貝尼亞羅薩知道自己的動作必須要快——當時市長的任期只有三年，而且哥倫比亞的法律禁止市長連任——而且千禧公車若要成功，必須取得巴塞塔公司那些權大勢大的業主合作。他仰賴巴西與歐洲顧問公司的專業，擬定一項方案，把經營特許權交給六十多家公車公司，並將這些公司劃分為四個集團。這些私人經營者提供車輛與司機，發車與路線設計則由一家新成立的公營公司負責。這家公營公司依據司機的行車距離——而不是車資收入——付款給各個集團。由於這四個集團每營運一輛紅色千禧公車，平均會導致五點五輛巴塞塔從街上消失，貝尼亞羅薩於是承諾為他們提供百分之十四的保證年收益。市政府負責興建車站及其他基礎設施，經費來自聯邦政府徵收的汽油稅——每公升汽油徵收百分之二十五的稅金。二〇〇〇年十二月十七日，千禧公車的第一階段正式通車。波哥大人非常開心能擁有巴塞塔之外的選擇，結果貝尼亞羅薩在隔年任滿下台時的滿意度竟高達百分之八十五。

對貝尼亞羅薩而言，千禧公車是一項非常關鍵的勝利。「如果說民主社會是法律之前人人平等的社會，那麼一輛載運一百名乘客的公車，就應該比只搭載一人的汽車享有一百倍的道路空間。看到快速行駛的公車超越卡在車陣裡動彈不得的汽車，就是一種潛意識的強烈象徵，表示民主制度確實發揮了效果，而且這種象徵也賦予國家與社會組織全新的正當性。」

貝尼亞羅薩鼎力支持莫庫斯再次參選的競選活動，結果莫庫斯當選之後也持續擴展千禧公車。不過，屬於左翼政黨民主之柱黨（Democratic Pole）的現任市長莫雷諾（Samuel Moreno）

卻是因承諾興建地鐵而當選。大眾對於貝尼亞羅薩一手打造的千禧公車愈來愈幻滅的現象，也讓這位前任市長深感懊惱。

「千禧公車最大的問題就是我成了這套系統的代表。莫雷諾很討厭我，自然一點都不想解決千禧公車的問題。我要是明天就被卡車撞死，絕對是最有益這套系統的事情。」

所幸，貝尼亞羅薩有一項必定能挽救千禧公車的計畫，而且不必為此被車撞死。只要他再次當選波哥大的市長，即可確保千禧公車的成功。

他告訴我，他的競選活動將在幾個月後展開。

## 市公車的勝利

千禧公車是大眾運輸革命性發展的案例。公車捷運系統已席捲了開發中國家的城市，因為那些城市的人口非常龐大，即便只有少部分居民擁有汽車，也可能導致無盡的塞車情形。

二〇一〇年，中國廣州啟用了一套公車捷運系統，與該市的單車共享計畫及八線地鐵互相聯結，結果不到兩個星期就達到每小時兩萬七千名旅客的載運量，僅次於波哥大。伊斯坦堡的都會公車系統（Metrobüs）雖然只有一個車道，載運的旅客人數卻與七線道的汽車車道一樣多，而連接歐亞兩洲的博斯普魯斯大橋，也因此從隨時車滿為患的狀態重新恢復流暢。現在，伊朗的德黑蘭擁有一套得獎的公車捷運網絡，每天平均載運一百八十萬人。委內瑞拉的卡拉卡斯、巴西的聖保羅、智利的聖地牙哥與阿根廷的布宜諾斯艾利斯雖然都有地鐵系統（阿根廷首都的地鐵更是早自一九一三年就已開始營運），近來拉丁美洲卻有十七套公車捷運系統啟用，而且還有另外十套正在建設中。歐洲雖然至今為止仍對公車捷運系統避之唯恐不及，現在全世界卻已有八十四套完整或局部的公車捷運系統——印度的阿默達巴德的系統一天僅載運三萬五千人，聖保羅的系統則是多達六百萬人。

公車捷運系統對政治人物頗具吸引力，因為這種系統的建設速度相當快，運作起來很有效率，而且成本又低廉：一條路線可載運的通勤乘客輕易即可達到一條車道的三至四倍，而就每英里的平均建設成本而言，公車捷運系統的基礎設施也比地鐵便宜了三十倍。對於一心想留下一點成果的政治人物而言，一套公車捷運系統只要短短幾個月就可建成，不像地鐵那樣單興建一條路線可能就得花上數年或甚至數十年的時間。

公車捷運系統的始祖可見於庫里蒂巴（Curitiba）這座以現代高樓大廈與豐富綠地而聞名的巴西城市。市長勒納（Jaime Lerner）在一九七二年的一個週末將市中心若干街區轉變成無車區——此舉讓人不禁想起哥本哈根市中心的閃電行人化。一年後，他改造了市區內混亂的私營公車系統，並設置第一條專屬快速公車道。庫里蒂巴的市民如今都在玻璃管造型的搭車月台內等車，而其雙節公車就行駛在寬廣的大道上，兩旁是供汽車行駛的單向道路。這套共有五條路線的系統效率驚人，而且庫里蒂巴的汽車擁有率雖高居全國第一，該市消耗的汽油卻比其他同等大小的巴西城市還少了百分之三十。不過，庫里蒂巴的情形也許有其獨特性。勒納是一位城市規劃專家，而且是由軍事獨裁政權指派的市長，因此不需諮詢大眾意見即可貫徹自己的意志，與當前重塑中國城市的那些規劃師享有同樣的自由空間。庫里蒂巴的土地使用和運輸發展都由同一個機關協調規劃，而且隨著城市成長，開發商不但受嚴格的土地使用分區規範限制，也在財務誘因的措施下沿公車捷運系統路線興建混合用途的高樓。如同紐約隨著地鐵與高架鐵道成長，庫里蒂巴也跟著大眾運輸系統一起發展。做為大眾運輸引導都市轉變的樣板，庫里蒂巴的模式可能只適合處在發展初步階段的新興都市。

波哥大是一座非常不一樣的城市。十六世紀期間，這座城市的居民包括西班牙人、麥士蒂索人、印地安人與奴隸，而且座落的位置相當壯觀，在一座抽乾了溼地的高原上，高度海拔九千英尺。在這裡，玻璃外牆的摩天大廈與紅磚砌成的高樓都集中在安地斯山脈東側——這座山脈有如一道柵欄，屏障在波哥大與亞馬遜叢林之間。就都市結構而言，波哥大和拉丁美洲的許多城市一樣，比較類似巴黎，而不像倫敦、芝加哥或洛杉磯：富裕的居民聚居於市中心，通常住在公寓大樓裡，得以分攤保全的支出；窮人則是集中在南側市郊以一、二層住宅為主的鄰里內。（現在，南方遠郊已冒出了少數幾個柵欄社區。）這座城市整整有一半是自發性地非法發展出來的結果。波哥大的人口達七百四十萬，密度接近馬德里與倫敦，因此足可提供地鐵與高運量鐵路所需的乘客人數。此外，波哥大也擁有數百英里的寬敞大道與橫跨市區的多線道快速道路，正適合設置快速公車服務。

「千禧公車就像是打了類固醇的庫里蒂巴。這是全世界第一套載運這麼多旅客的公車捷運系統，這樣的載運量通常只有在地鐵當中才看得到，」希達戈（Dario Hidalgo）對我這麼說，他的管家正為我們端上一壺濃咖啡。希達戈在貝尼亞羅薩的市長任期內負責落實千禧公車計畫，後來在位於華盛頓的永續運輸中心（Center for Sustainable Transport）擔任顧問，走遍全球進行公車捷運系統的比較研究。「我是運輸工程師，所受的教育就是如何為汽車創造空間。我們在讀書時，學校會給我們馬路容量手冊，我們就得計算汽車量，規劃出那些汽車所需的車道數目。那是在美國、加拿大和澳洲從事運輸規劃的標準方式。不過，這種做法在我們的社會行不通。你的民眾擁有車輛的比例既然不到五分之一，就不能把大部分的經費投注在道路上。」希達戈與貝尼亞羅薩看法一致，認為像庫里蒂巴那樣的公車捷運系統對波哥大會非常理想。

「要打造一套真正的公車捷運系統，」希達戈說：「就需要有專屬公車道，和其他車輛的交通區隔開來。公車不能行駛在混亂的車陣裡。」他認為最佳的做法是公車專用道，以邊欄、齒棱標誌線、導軌或其他障礙物和其他車道區隔開。「而且還需要真正的車站，不只是候車亭，而是具有平面上車月台及預先付款機制的車站。這樣你就得先付款才能進入車站，公車到站時只需直接上車即可，就像地鐵一樣。」預先付款可加快上車速度，公車間距也可因此縮短至十秒鐘。「這麼一套系統的運作需要資訊科技的支持。波哥大每一部私人擁有的千禧公車都設有全球定位系統，可將其所在位置的資訊傳送到政府營運的控制中心。」資訊科技也可讓旅客使用感應式票卡，由一家獨立私營公司負責銷售。「最後，還需要有鮮明的形象。不能採取原本的巴塞塔公車，必須使用設計良好的公車，車身要有專屬的顏色，並且為整套基礎設施取個像『千禧公車』這樣的品牌名稱。唯有這些元素都到位之後，你才能把你的系統稱為公車捷運系統。」

按照希達戈的定義，北美洲現有的大多數公車系統都不符合公車捷運系統的標準。我在洛杉磯搭乘過的橘線，只能算是大眾運輸評論家所謂的「簡易版輕軌」：該線為了政治上的便利而建在原有的專屬鐵軌上，車站相距遙遠，功能比較接近輕軌，只是行駛在橡膠輪胎上而已。布隆克斯區第二〇七街上的特選公車服務雖然頗有成效，但由於其專屬公車道和其他車道沒有以障礙物實體區隔開來，因此經常遭到送貨車、並排停放的車輛，甚至警車阻擋。（紐約市交通局計畫在二〇一二年前沿著三十四街設置橫跨市區的公車運輸道，而且將會是實體區隔的專用車道。）渥太華自從一九八三年開始營運的大眾運輸道系統（Transitway），是一項早期興建公車捷運系統的深具影響力的嘗試。不過，這套系統只有極少數的封閉式車站——這在寒冷的加拿大首都實在是一大缺陷——而且公車一旦陷入市中心的車陣內，就只能以牛步般的速度前進。希達戈對克里夫蘭的健康線（HealthLine）評價相當高。這套系統以雙節公車行駛在一條經過許多大學與醫院的道路上，不但符合公車捷運系統的所有條件，而且證據也顯示該系統在歐幾里得大道（Euclid Avenue）沿線促成了價值數十億美元的開發。希達戈認為公車捷運系統在已開發國家當中的最佳例子，是澳洲布里斯本的公車道運輸網絡。那套系統與千禧公車一樣，也採用隔離的公車道、封閉式車站以及超車道。

一項簡單的事實是，公車這種備受厭惡的「窩囊廢遊艇」，在北美洲依舊難讓人難以接受。許多大眾運輸擁護者都認為公車捷運系統是軌道運輸的次等代替品，頂多是輕軌捷運的踏腳石。不過，在負擔不起軌道大眾運輸的城市裡，一套完善的公車捷運系統可以是一種效率高又永續的大眾運輸型態。不過，即便在波哥大，有些徵象也已顯示出公車捷運系統面臨到問題了。喝完咖啡之後，希達戈邀我出外走走，看看他的系統實際運作的模樣。當時是尖峰時刻，一連串滿載乘客的紅色公車行駛在卡拉卡斯大道上。千禧公車的效率確實無可否認，但我指出這條街道上似乎沒有太多住宅開發。舉例而言，我們站在一片由泛光燈照明的足球場前面，其前場已改建為私人停車場。希達戈說：「這座城市可以利用房地產開發做為大眾運輸基礎建設提供資金的機制，就像香港和新加坡一樣。貝尼亞羅薩擔任市長時，曾經要求我們在千禧公車的車站周圍進行都市發展，可是我們只有三年可以打造這套系統，所以我們只得問他：『你是想打造完美的城市嗎？』」不同於庫里蒂巴那套和特殊設計的道路一同興建的公車捷運系統，千禧公車是事後才納入存在已有數十年之久的主要幹道。「也許我們錯過了從事大眾運輸導向發展的機會。不過，這座城市已經重新劃分了部分區域，私人開發商也開始在千禧公車附近興建比較高的混合用途建築；所以，這種發展可能已經自然出現，而不是市政府推動的計畫。」

站在人行道上，絕對不可能不注意到千禧公車在市區內的醒目身影。這套系統的主要幹線在市區各地設置了巨大的障礙，創造出川流不息的公車交通，行人必須橫越迂迴曲折的天橋才能抵達搭車的車站。千禧公車其實也和都會快速道路一樣對都市景觀具有強大的破壞力，而且卡拉卡斯大道上的空氣感覺上也和洛杉磯高速公路旁的空氣一樣糟。我對希達戈說，我可能不會想住在他的公車捷運路線旁。

「千禧公車採用柴油，」希達戈嘆了一口氣說：「這點讓人很沮喪，我知道。在哥倫比亞，柴油的硫濃度仍有五百 ppm。目前雖有計畫將這濃度降到五十，也就是北美洲的標準，但這項計畫至少還要到五年後才有可能實現。我們現在有各種微粒物質和呼吸道疾病的問題。」（聯合國允許千禧公車將碳權賣給其他城市，但原因不是這套系統採用潔淨燃料，而是因為千禧公車消除了許多污染程度更加嚴重的巴塞塔。）希達戈認為，柴油電能混合動力公車會是最好的選擇，因為這種車輛的污染程度比較低，消耗的油料也比一般公車少百分之九十，但車價卻是一般公車的三倍。克里夫蘭的健康線採用的就是這種公車，但那套系統的車隊規模比千禧公車小了五十倍。

當然，千禧公車面臨的另一項挑戰，就是目前乘客的擁擠狀況已達荒謬的程度。我們看見從車站開出的每部公車都達到滿載的容量。我們沿著七十二街往回走，希達戈有好一陣子都沒有說話。我問他心裡在想什麼。「我只是希望這套系統能比目前的狀況運作得更好。」聽到這位實際建設了全世界獲得最多研究與高度稱許的公車捷運系統的人這麼說，我著實訝異。「我是說，每平方公尺站著六個乘客，這樣的情形實在不好。民眾依然搭乘千禧公車，因為這是他們現有最好的選擇。不過，這套系統目前的服務水準是使用者無法接受的。我們得想辦法改變這種狀況。」

我後來發現，對某些波哥大人而言，所謂的「想辦法」指的是改進及擴張千禧公車；但對其他人而言，則是投資興建另一種全新的大眾運輸型態。但無論如何，明確可見的一點是：在波哥大，大眾運輸才是王道，而且他們在這方面也絲毫不乏點子。

## 受害於自身的成功

快下雨了。我之所以知道，是因為兜售著折傘的小販們突然出現在甘德拉利亞區每條巷道和門前。

接著，大雨便開始落下，迫使數十名通勤旅客躲進波哥大翡翠區（emerald district）附近的千禧公車站。就在他們等著雨勢過去時，我找上其中幾人攀談，問他們對於解決這座城市的交通問題有什麼看法。

戈梅絲是個年約四十五歲的印刷廠員工，她說她自從千禧公車在二〇〇〇年啟用以來就開始搭乘。相較於巴塞塔，千禧公車可讓她每天省下一個小時的通勤時間。「千禧公車速度比較快，可是愈來愈擠，乘客也不像過去那麼互相尊重了。以前曾經有各種宣導活動，例如呼籲大家協助殘障人士；可是現在人實在太多，所以大家只能想辦法擠上車就好。而且，公車只要一誤點，車站裡也會擠得水泄不通。」她說，就算有人送她一輛車開，她也不會接受，因為在波哥大開車的壓力實在太大了。不過，她不認為興建地鐵是解決問題的答案。「地鐵只會服務高收入的社區，不會建設在人口真正密集的地方，幫不到真正搭乘大眾運輸的一般百姓，但所有的市民又都得支付興建地鐵的成本。」

現任市長莫雷諾在二〇〇七年因為承諾興建地鐵而打敗了貝尼亞羅薩。他打算興建的其中一條路線位於第七大道，那段道路相當近似於洛杉磯的奇蹟哩區，從甘德拉利亞區延伸至北方的富裕鄰里。單是興建這條地鐵線，就會在未來二十年花掉四十億美元，其中百分之七十由聯邦政府負擔。不過，莫雷諾的任期即將屆滿，卻連一份合約都還沒簽成。另一方面，千禧公車的基礎設施卻已顯老態。許多地方的柏油路面都有破裂凹陷的狀況出現，導致司機只能緩速行駛。唯一仍在建造中的新路段是一條通往機場的路線，預計二〇一二年完工。不過，這條位於二十六街的路線目前仍是一條泥濘的溝渠，預算卻已超支三億美元，而且包商也指控莫雷諾及其兄弟收受回扣以換取這項計畫的快速核准。（二〇一一年，莫雷諾遭到停職處分，並以合約詐欺、侵吞公款與勒索等罪名遭到正式起訴。）

忽略維護千禧公車只是開頭而已。由於莫雷諾缺乏一貫的運輸政策，以致破壞了莫庫斯與貝尼亞羅薩擔任市長期間促成的各項進步發展。尖峰時刻車號管制方案在推出之際廣獲讚許，也因為僅在尖峰時刻實施而運作得相當良好。不過，莫雷諾將此管制措施擴大為全日施行，反倒促使許多家戶額外購買第二或甚至第三輛車，以便每天都有車可開。（儘管哥倫比亞的新車要價從兩萬美元起跳，但狀況良好的二手車卻能以十分之一的價格購得。）

在希門內斯大道車站內，我向隆巴納這位年近四十的職業譯者攀談。隆巴納雖然有車，卻因為車牌號碼的尾數是九，在尖峰時刻車號管制方案的限制下不得於當天開車，所以只好搭乘千禧公車。「千禧公車的確是個很不錯的系統，」他說。他曾在波士頓住過幾年，因此說起英語帶有南端區的口音。「我今天搭乘千禧公車，只要三十五分鐘就能橫越市區，開車花費的時間還更長。唯一的問題是，站著搭乘千禧公車實在不舒服。政府鋪的柏油路面不斷破裂。他們要是不改善千禧公車的缺點，這套系統一定很快就會被淘汰。」我問他認為該怎麼辦。「我認為我們需要地鐵系統，可是地鐵不可能馬上出現。那是未來二十年的解決方案。」

波哥大的希望是不是只能寄託於昂貴的地鐵呢？貝尼亞羅薩自然不這麼認為。在我訪問他時，這位前任市長站起身來，指向窗外遠處一幢八層樓的公寓大廈，位於一座草木茂盛的公園對面。「你看！」他說：「那是我家。他們打算在那棟公寓隔壁蓋一座地鐵站。那樣對我來說很理想，出門會變得很容易！不過，地鐵不是解決問題的答案。當然，在這附近相約喝茶的老太太都對巴塞塔厭惡不已，認為地鐵能消除那些車輛。不過，她們自己卻絲毫不打算搭乘地鐵。她們屆時還是會讓人開車載著出門，她們向來都是這樣。」他指控西門子與艾斯敦等歐洲列車製造商在幕後極力為地鐵進行遊說。不令人意外，貝尼亞羅薩的解決方案就是改善、擴展他所催生的千禧公車。

「我們採取三種方式提高容量。我們必須擴大車站，以免排隊的人數太多。我們必須增設車站的入口，讓乘客可在不同的入口買票。此外，我們也必須在部分十字路口興建地下道，以免汽車交通阻礙千禧公車。」最重要的是，千禧公車原本規劃的所有路段都得付諸實施。「地鐵僅服務百分之五的人口，但千禧公車卻能遍布各地，我們也的確需要千禧公車遍布各地！」

我訪談過的分析師大都認為千禧公車落入了一道陷阱。這套系統原本的構想是採取公私合夥的方式，所以規劃的乘客載運量相當高，以期能純粹靠車票收入而獲利。不過，市政府卻沒有提供任何誘因促使經營千禧公車的四大集團為這套系統提供更多的車輛與司機。實際上，以最少的車輛進行營運，正可讓他們壓低成本，而如此一來造成的結果就是過度擁擠。

「我們為千禧公車的獲利性付出了太高的代價，」大眾運輸評論家暨波哥大非營利組織人道城市機構（Humane City Organization）的主任孟德蘇瑪（Ricardo Montezuma）指出：「千禧公車一開始做得很好，但現在民眾不斷尋求價格更低廉而且速度更快的選項，紛紛揚棄了這套系統。有的人買汽車，有的人買機車。」我也注意到波哥大的街道上有非常多的機車騎士，他們都得戴上安全帽，也得穿上標有車牌號碼的螢光背心——這是因為過去有槍手騎機車進行暗殺行動而出現的規定。在每個十字路口，都可看到成群的機車騎士在汽車前面率先起步。

「以前在波哥大沒有人騎機車，因為這裡太常下雨了。不過，機車的數目在過去十五年來卻增加了十倍。現在已有二十萬部機車與一百萬輛汽車。」孟德蘇瑪認為，要遏止公車乘客改用私人運輸工具，唯一的方式就是對駕車進入市區的駕駛人收取通行費，類似倫敦的塞車稅，再利用這筆錢改善千禧公車的服務品質。（他認為千禧公車應該把目前污染情形嚴重的車輛汰換成橡膠輪胎的電車，由哥倫比亞豐富的水力發電供應動力——這是一項絕佳的解決方案，但也昂貴至極。）

千禧公車落入的陷阱正與一九二〇年代的紐約地鐵相同，當時合約保證的五分錢車資導致紐約地鐵過度擁擠，服務品質也逐漸下滑，導致許多受不了人擠人的乘客紛紛轉身投入汽車的懷抱。希達戈告訴我，透過徵收塞車稅、停車費或是提高汽油稅以補貼千禧公車的營運成本，將可讓私人營運商更有餘裕增加公車數量，如此便有可能解決導致千禧公車形象受損的過度擁擠現象。「事實是，地鐵擁護者、公車擁護者和輕軌擁護者都把太多時間花在爭執大眾運輸的型態，可是他們真正應該抗爭的對象其實是汽車。我很希望地鐵可以不必那麼昂貴，可是我們必須以現有的資源找出解決方案。」

這場爭論讓我聯想到公車乘客聯盟與洛杉磯的「地鐵市長」維拉哥沙的意見歧異。這兩座城市裡的富裕市民都偏好地鐵，主要是因為地鐵能服務富裕社區，並且有可能消除道路上那些討人厭的公車——從而讓汽車駕駛人的行車得以通暢得多。我喜歡公車捷運系統的象徵價值：洛杉磯的每條高速公路要是都能有幾個車道被劃成快速公車的專用道，必定會是社會正義的一大勝利。然而，像千禧公車這種規模的公車捷運系統要能在南加州出現，大概和那裡在春末發生冰風暴的機率一樣微乎其微。在當前政治氛圍合適的情況下，洛杉磯人也許該趕緊把握機會興建新的地鐵——這是他們繳納的稅金所能買到的最佳大眾運輸——而這麼一座地鐵將可形成長期基礎，以備未來打造規模更大的系統。

在資源不足以建造軌道運輸的城市當中，公車捷運系統是非常合理的選擇；但不可否認的是，這種系統對社區生活的干擾也不下於高速公路。渥太華雖是北美洲的公車捷運系統先鋒，卻在近來宣布將以一套以地底鐵路為主的輕軌系統取代已有二十五年歷史的大眾運輸道——我猜想，這樣的發展應是時代的徵象。

## 擺脫悲劇

全球運輸工具的碳排放量，預計將在二〇三〇年前增加百分之五十以上，而且其中大部分都將來自開發中國家的新興大都市。千禧公車促使七千部老舊而且污染情形嚴重的巴塞塔消失在波哥大的街頭，從而減少了每年二十五萬噸的碳排放，並且證明了即便在貧窮而混亂的城市裡，效率良好的運輸系統也有助於改善交通。此外，在我造訪過的大都市當中，波哥大也是首座單靠大眾運輸——沒有搭配都市結構的重大改變——就減少塞車並催生出新公共空間的城市。

不過，公車捷運系統的成功仰賴於開發中國家的獨特條件。在巴西的庫里蒂巴，公車捷運系統的打造者是一位由軍事獨裁政權指派的市長，因此他不需經過公共協商即可按照自己的意思推行都市改革。波哥大的情形則是複雜得多。九〇年代初期的憲改為賦予了市政府龐大權力，於是——如同帕索塔（Eleonora Passota）在《城市裡的政治品牌建構》（*Political Branding in Cities*）當中指出的——像莫庫斯與貝尼亞羅薩這樣的市長即可擺脫與舊政治機器的裙帶關係，轉而追求「品牌政治」，利用媒體與市民直接溝通，同時也略過與地方議員的協商。直到今日，波哥大的市長所享有的獨立性、聲望與自由度，都是北美洲的市長沒有的。有些評論家表示，要不是因為任期限制，波哥大的市長將可行使獨裁者般的權力。（莫庫斯在二〇一〇年以綠黨黨員的身分參選總統，結果得票數僅以些微差距落敗。）莫庫斯或貝尼亞羅薩要是像摩希斯一樣那麼鍾愛高速公路，今天的波哥大恐怕會有截然不同的面貌。

千禧公車靠著奪取汽車的道路空間，把公益與私利的衝突帶進政治論述當中。在這座城市裡——由於汽車普及率相當低，因此對絕大多數的市民而言，每天都是無車日——千禧公車顯示政治人物可藉著充滿雄心的方案限制汽車的使用而贏得民眾支持，就算汽車是有錢有勢者偏好的交通方式也沒有關係。波哥大的教訓可供其他城市參考，特別是開發中國家的城市，因為波哥大採行的各項措施，從人行道護柱、單車道乃至公車捷運系統，正體現了城市轉變的逐步發展進程。

在我待在波哥大的最後一天，我來到甘德拉利亞區，正準備穿越街道前往馬奎斯中心，一名騎著摩托車的員警突然擋住我的去路，他車上的警笛響個不停。接著，另一名摩托車員警也在不遠處停下車，擋住一條小巷的巷口。在前方的街區，又有另外兩部警用摩托車攔住交通。被擋住的行人與車輛愈來愈多——一輛輛的巴塞塔，滿載身穿工作服的工人，還有鄰近一座大學的學生，以及一輛馬拉車，車上堆滿了一袋袋水泥。經過半分鐘的等待之後，我們終於知道員警攔阻交通的原因：一列黑色豐田Ｖ6休旅車的車隊呼嘯而過，裝有防彈裝甲的車側閃亮不已，貼著黑色隔熱紙的車窗映照著街景。這列車隊朝著總統府、國會與市政府的方向駛去——也就是哥倫比亞的權力中心。完成了為權要人士開路的工作之後，那些騎著摩托車的員警也跟著離開，讓那群重要性顯然遠不及於車上人物的波哥大人得以通行。

這幅景象使我聯想起了莫斯科的權貴如何靠密考基的閃爍燈光與震耳欲聾的警笛聲在車陣中橫行，也讓我理解到，要是我住在波哥大，一定會是千禧公車的乘客，傲然地搭乘那些擁擠的紅色公車。

1 編注：摩加迪休 (Mogadishu)，非洲索馬利亞第一大城，曾為該國首都。英國導演雷利．史考特（Sir Ridley Scott）改拍成電影《黑鷹計畫》（*Black Hawk Down*）記錄美國部隊與索馬利亞民兵的對戰，讓該城廣為人知。